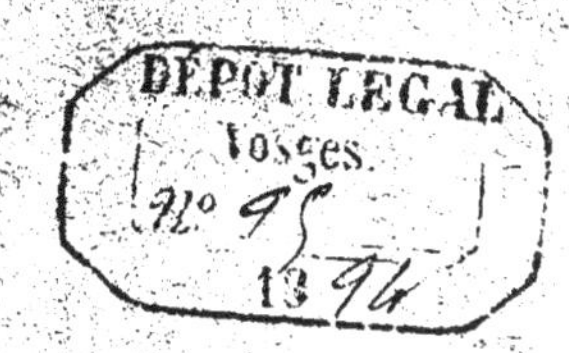

L'ÉDUCATION PHYSIQUE

DISCOURS

PRONONCÉ

À LA DISTRIBUTION DES PRIX

DU COLLÈGE DE SAINT-DIÉ

le 29 Juillet 1894

PAR

EMILE MIARD
Professeur de Seconde classique

SAINT-DIÉ
IMPRIMERIE AD. WEICK

L'ÉDUCATION PHYSIQUE

L'ÉDUCATION PHYSIQUE

DISCOURS

PRONONCÉ

A LA DISTRIBUTION DES PRIX

DU COLLÈGE DE SAINT-DIÉ

le 29 Juillet 1894

PAR

EMILE MIARD

Professeur de Seconde classique

SAINT-DIÉ

IMPRIMERIE AD. WEICK

L'ÉDUCATION PHYSIQUE

MESDAMES,

MESSIEURS,

MES CHERS AMIS,

Il n'est rien qui se grave plus profondément dans notre mémoire que les souvenirs de jeunesse. Aussi ne puis-je m'empêcher, en ce jour de solennité scolaire, de vous faire part de la vive impression qu'ont toujours laissée en moi les distributions de prix de ma vie d'écolier.

C'était dans un Collège du Dauphiné. La cour d'honneur, comme aujourd'hui cette enceinte magnifique, offrait partout à la vue des banderoles et des oriflammes. Aux couleurs éclatantes des fleurs se mariaient harmonieusement celles du drapeau national. Car, il est des circonstances, dans la vie universitaire comme dans la vie sociale, où nos sentiments patriotiques se réveillent et s'exaltent, et alors nous aimons à voir autour de nous flotter à profusion nos trois couleurs,

« *Les trois couleurs de France,*
« *Celles qui font rêver les coeurs,*
« *De gloire et d'espérance !* »

Comme aujourd'hui aussi, les claires et élégantes toilettes des dames, venues pour couronner leurs fils ou leurs frères, et partager la joie de leurs récompenses, tranchaient vivement sur le sombre des habits noirs. La vieille cour prenait ainsi un aspect inaccoutumé de grâce et de fraîcheur, et le riant soleil du Midi, le soleil des Mistral et des Roumanille, rehaussait encore de son éclat cette fête, dont le charme se renouvelait à chaque fin d'année.

Cependant il était, dans cette cérémonie, un usage toujours invariable, qui devait prolonger l'attente anxieuse de la distribution des couronnes: c'était celui de prononcer un discours. J'ignore si les collégiens actuels ressemblent à leurs aînés, mais ce que je sais bien, c'est que (dois-je l'avouer ?) nous étions, ce jour là, absolument insensibles aux charmes les plus insinuants, aux accents les plus pathétiques de l'éloquence, et, une fois de plus, le professeur, qui avait reçu la mission de nous haranguer, parlait dans le désert. Aujourd'hui les temps sont changés, les rôles différents. C'est vous, mes chers amis, qui êtes les élèves, et c'est moi qui ai le périlleux honneur d'être le professeur chargé de prononcer le discours traditionnel. Que pourrais-je donc vous dire qui pût vous intéresser, et me permettre de parler, non plus dans le désert, mais devant l'auditoire le plus spirituel et le plus attentif ? Hélas ! Monsieur Josse est toujours orfèvre : un professeur *d'humanités* est toujours et partout professeur. Aussi est-ce un cours, une leçon, la dernière de l'année, il est vrai, que je vais vous faire. Mais, que les moins ardents au travail se rassurent, la matière n'en sera ni trop austère ni trop abstraite : aussi bien pour vous parler morale ou métaphysique, peut-être n'est-ce pas le moment propice dont parle le poète :

« .... *aditus, et quae mollissima fandi*
« *Tempora,*

Je vous entretiendrai d'un sujet aussi ancien que les peuples, mais toujours actuel et toujours nouveau, je veux dire *l'Education physique.*

Qu'est-ce que l'Education physique ? Les Anciens en ont donné des définitions très nettes. C'est, dit Platon, l'art d'exercer, de fortifier le corps, non pas pour faire des athlètes de tous les citoyens, mais afin de donner plus de vigueur à l'âme humaine, que la culture intellectuelle seule amollirait. Dans les exercices du corps, ajoute l'auteur de la *République*, nos jeunes gens se proposeront surtout d'augmenter la force morale; précepte exellent qui fait du développement physique non pas une fin absolue, mais seulement un moyen : le corps, serviteur docile de l'esprit, obéira d'autant mieux à ses injonctions qu'il sera plus robuste, plus souple ou plus agile.

C'est ce que, chez les Romains, la vieille maxime de Juvénal exprime dans sa parfaite concision :

« *Orandum est ut sit mens sana in corpore sano.*

« Il ne faut demander au ciel qu'une âme saine dans un corps sain. »

N'est-ce pas aussi ce que dira, au XVIIe siècle, sous une forme encore plus pittoresque, le précepteur de Louis XIV, La-Mothe-le-Vayer : « Une belle âme dans un corps infirme, c'est un excellent pilote dans un méchant vaisseau » ?

Mais, pourrais-je mieux résumer la tradition antique touchant les exercices physiques, qu'en vous rapportant les paroles, mises par Xénophon dans la bouche de Socrate : « Sache bien que dans aucune lutte, dans aucun acte de la vie, tu n'auras à te repentir d'avoir exercé ton corps. Dans les fonctions mêmes, où tu crois que le corps a le moins de part, je veux dire dans celles de l'intelligence, qui ne sait que la pensée commet souvent de grandes fautes, parce que le corps est mal disposé ? Le défaut de mémoire, la lenteur d'esprit, la paresse, la folie sont souvent la suite d'une disposition vicieuse du corps... » ?

Telle était, mes chers amis, l'importance attachée à l'éducation physique par les Grecs et les Romains, qu'elle tenait la plus large place dans leurs systèmes pédagogiques.

En France, par malheur, il n'en a pas toujours été ainsi. Au moyen-âge, l'enseignement de la scolastique, mélange confus de philosophie et de théologie, n'était fait que de discussions passionnées sur la valeur des idées générales, où certains philosophes voulaient voir des êtres réels, et d'autres des mots sans réalité ; il consistait aussi dans les subtilités les plus épineuses de la dialectique, et ne s'adressait, par suite, qu'à l'esprit des disciples. Les éducateurs de cette époque, tout imbus d'idéalisme et de mysticisme, considéraient l'existence du corps comme une pure apparence. Volontiers ils se seraient écriés, comme le fera plus tard l'austère et spéculative Philaminte :

« Le corps, cette guenille, est-il d'une importance,
» D'un prix à mériter seulement qu'on y pense ?

Et en effet, à cette guenille, qui pourtant nous est chère, ils pensaient peu, si ce n'est lorsqu'un écolier n'avait pas su argumenter *pro et contra*, et conclure en *baroco* ou en *baralipton*. Le corps, d'ordinaire si méprisé, était alors l'objet d'une considération par trop touchante, et les étrivières faisaient cruellement expier au malheureux élève son ignorance ou sa paresse.

Vers la fin du XVe siècle, le même esprit monastique, la même discipline, avec ses punitions matérielles, régnaient encore dans tous les collèges du royaume, et l'éducation physique était toujours traitée avec le même dédain. Pouvons-nous mieux en juger qu'en lisant le règlement du collège de Montaigu : « De quatre heures du matin à six heures, leçon ; à six heures, messe ; de huit heures à dix heures, leçon ; de dix heures à onze heures, discussion et argumentation ; à onze heures, dîner ; après le dîner, examen sur les questions discutées et les leçons entendues, ou, le samedi, dispute ; de trois heures à cinq heures, leçon ; à cinq heures, vêpres ; de cinq heures et demie à six heures, souper ; après le souper jusqu'à sept heures et demie, examen sur les questions discutées et les leçons entendues pendant la journée ; à sept heures et demie, complies ; à huit heures en hiver, et à neuf heures en été, coucher .» ? « On dispute avant dîner, écrit le philologue espagnol Vivès ; on dispute pendant le dîner ; on dispute en particulier, en public, en tout lieu, en tout temps ». Assurément, c'est là une journée bien remplie. L'esprit trouvait peut-être son compte dans une telle débauche d'exercices intellectuels, mais le corps, ce vase qui soutient et contient le foyer lumineux, ne courait-il pas le risque de s'abâtardir, et d'étouffer en lui l'étincelle divine qui brille dans toute âme humaine ?

Heureusement, la Renaissance vint bientôt renouer la chaîne des âges et relier à l'antiquité le présent et l'avenir. En même temps que se réveillèrent et refleurirent les lettres, les sciences et les arts, des théories, plus conformes à la nature que celles de la scolastique, renouvelèrent ou développèrent les systèmes d'éducation physique que nous avaient légués les Anciens. A qui revient l'honneur de cette réforme capitale dans la science de l'éducation? Vous avez deviné l'auteur de *Gargantua et de Pantagruel.*

Rabelais, pour mieux confronter le moyen-âge et l'esprit moderne, met en présence deux jeunes écoliers, Gargantua et Eudémon, instruits par des précepteurs différents et selon deux méthodes d'éducation contraires. Gargantua, « endoctriné par un vieux tousseux, Maître Jobelin Bridé », a la tête farcie « du vain sçavoir des rêveurs matéologiens du temps jadis », au point qu'il en devient « fou, nyais, tout resveux et rassoté». Gargantua est paresseux : il ne s'éveille qu'entre huit heures et neuf heures du matin, ainsi que le recommande le roi des Juifs David: *Vanum est vobis ante lucem surgere.* Gargantua est malpropre : il ne se soucie nullement de son corps, qui est sale, couvert de boue et tout empuanti ; il démêle sa chevelure avec un peigne tout à fait primitif, celui des Allemands, c'est-à-dire « les quatre doigts et le pouce », car « ses premiers précepteurs disoyent que soy autrement peigner, laver et nettoyer, estoyt perdre son temps en ce monde ».

Au contraire, le jeune page de don Philippe des Marays, Eudémon, reçoit, sous la direction du pédagogue Ponocrate, une éducationplus sensée et surtout moins tudesque. D'autre part, il est « tant testonné, tant bien tiré, tant bien espoussété, tant honneste en son maintien, que trop mieulx ressembloit quelque petit angelot qu'un homme». Et quand, invité par son maître à prendre la parole, il se tourne vers Gargantua, « sa prononciation est tant distincte, sa voix tant éloquente et son langage tant orné, que mieulx ressembloit un Gracchus, un Cicéron ou un Œmilius du temps passé qu'un jouvenceau de ce siècle ». Pour Gargantua,« toute sa contenance, ajoute Rabelais, feut qu'il se prit à plorer comme une vache, et se cachait le visage de son bonnet, et on ne peut tirer de luy une parolle ».

Après avoir ainsi critiqué l'esprit scolastique, et bien établi que le savoir des pédants de collège n'est que « besterie et abâtardissement des bons et nobles esprits », Rabelais propose un nouveau plan d'éducation, qui contient beaucoup d'innovations heureuses. L'enseignement prend un caractère pratique que n'avait pas celui du Moyen-Age. Gargantua, lavé des taches de sa première éducation, s'occupe maintenant moins des mots que des idées et des faits : il voit par lui-même et touche les choses. D'après le programme, pas une minute ne doit être perdue: levé à quatre heures du matin (oh ! combien de nos contemporains, les ennemis du surmenage, doivent trouver que cette éducation là commençait à une heure par trop matinale !!), l'écolier est obligé d'étudier presque toute la journée ; son esprit travaille, même en s'habillant, même en mangeant. Mais, pour résister à une aussi lourde tâche, il faut, sans doute, un tempérament robuste, une constitution à toute épreuve. Aussi l'éducation physique n'est-elle plus séparée de l'éducation intellectuelle : les exercices du corps sont enfin réhabilités.

Outre les soins fréquents que réclame sa personne, l'élève, qui a étudié toute la matinée et une partie de l'après-midi, quitte ses livres, change de vêtement, et sort de la maison pour gagner la campagne : il monte à cheval sans étriers et sans brides, saute les fossés, court le lièvre, le cerf et le sanglier. Il ne dédaigne pas les jeux plus roturiers, comme la balle, la course, la lutte, la nage; il grimpe sur les arbres, escalade les montagnes, lance le dard et la javeline;il joue aux barres, monte à la corde, et, pour fortifier ses nerfs, jongle avec des haltères, pesant chacun, nous dit l'auteur, huit mille sept cents quintaux ; enfin, pour s'exercer les poumons et le thorax, il crie, non comme Stentor, mais comme tous les diables. Si un temps pluvieux interdit les promenades et les courses, il reste à la maison, « où il s'ébat à botteler du foin, à fendre et à scier du bois, à battre les gerbes en la grange ». Entre temps, il joue du bâton, ou fait de l'escrime et rivalise avec les meilleurs maitres d'armes.

C'est, comme vous le voyez, une véritable orgie d'exercices physiques, et non des moins violents, et l'on n'a pas de peine à se rappeler que Rabelais avait été médecin, et connaissait, mieux que personne, l'importance, la nécessité des mouvements du corps, du libre jeu des muscles et des membres. Ne croirait-on pas, en vérité, à lire les pages où il décrit, avec une verve étincelante, et une prodigieuse abondance de mots, ces exercices variés, qu'il ait voulu que le corps, en sortant de son état léthargique, prît une revanche sur l'ascétisme du Moyen-Age?

Aussi son système d'éducation gymnique est-il excessif, comme l'est, du reste, son œuvre tout entière. Néanmoins, n'est-il pas préférable a celui des premiers précepteurs de Gargantua, qui recommandaient à leur élève, comme exercice suffisant, « de se vautrer six ou sept tours parmi le lit devant que se lever, pour mieux esbaudir ses esprits animaux » ? Et ne devons-nous pas honorer la mémoire de Rabelais qui, le premier en France, comprit qu'il ne faut point sacrifier la matière à l'esprit, et que l'idéal de l'éducation consiste dans l'heureux équilibre des facultés morales et des facultés physiques ?

Mais ces vérités pédagogiques n'arrivèrent point jusqu'à la pratique, et l'unique avantage du XVIe siècle sur le XVe et le XIVe fut, dit un historien, d'user de verges deux fois plus longues. Et pourtant, vers le milieu du siècle, un esprit nouveau, fait de tolérance et de liberté, un besoin impérieux de réformes ne tardent pas à se manifester à travers les discussions et les guerres religieuses; et bientôt, les *Essais* de Montaigne, autre ennemi déclaré de la scolastique, viennent renouveler les attaques de Rabelais contre le Moyen-Age. Comme l'auteur de *Gargantua*, l'auteur des *Essais*, qui traita des sujets les plus divers, ne pouvait se désintéresser de la question de l'éducation physique. Il y a consacré l'un des plus beaux chapitres de son livre : *De l'Institution des enfants*. Il demande, lui aussi, un prompt retour à la franche nature. « Ce n'est pas assez, dit-il, de raidir l'âme à l'enfant, il faut aussi raidir les muscles, les rompre à la peine et âpreté des exercices. Que ce ne soit pas un beau garçon et dameret, mais un garçon vert et vigoureux ». « Les jeux même et les exercices, dit-il ailleurs, sont une bonne partie de l'étude : la course, la lutte, la danse, la chasse, le maniement des chevaux et des armes. Ce n'est pas une âme, ce n'est pas un corps qu'on dresse; c'est un homme. Il ne faut pas les dresser l'un sans l'autre, mais les conduire également, comme une couple de chevaux attelés au même timon » .

Par malheur, le scepticisme de Montaigne, qui rendait suspect son ouvrage tout entier, ne permit pas que ses conseils et ses observations judicieuses fussent mis à profit par ses contemporains, et les exercices physiques, si toutefois on commençait à les goûter, étaient toujours subordonnés aux travaux de l'intelligence. Il est vrai qu'à cette époque la Renaissance avait allumé dans les esprits la passion de l'étude et une ardente fièvre de savoir. Trop nombreux étaient alors les écoliers qui, comme Ronsard et Baïf, au collège Coqueret, se levaient l'un après l'autre, minuit sonné, et « se passaient la chandelle pour étudier le grec, sans laisser refroidir la place ».

Au XVIIe siècle, les collèges se multiplient rapidement. Les classes ont lieu de huit heures à onze heures du matin, et le soir, de deux heures à quatre heures en hiver, et à cinq heures en été. Les élèves auraient donc tout le temps nécessaire pour développer leur force physique, et se livrer à des exercices vraiment hygiéniques. Néanmoins, les modes artificielles de l'éducation, l'imitation servile des procédés en usage dans les siècles précédents, semblent annihiler les efforts tentés par quelques hardis pédagogues, qui désirent s'affranchir des tyrannies de la routine. On paraît toujours ignorer les lois de la nature, et les Maîtres, plus amis des subtilités laborieuses de la dialectique que convaincus des heureux effets de la gymnastique, se hâtent de morigéner les écoliers qui auraient quelque tendance à fortifier leur système musculaire. Toutefois, quelques précepteurs, comme de Beaumont de Péréfixe,

Le Vayer et Bossuet, daignent se préoccuper quelque peu du développement physique de leur royal élève. Mais, comme tous les éducateurs du XVIIe siècle, ils sont trop lettrés, trop érudits, pour songer un seul instant à rétablir l'équilibre entre la culture du corps et celle de l'esprit.

Les philosophes du XVIIIe siècle, qui ont, comme Locke, J. J. Rousseau, Condillac et Diderot, éclairé d'une plus vive lumière les questions pédagogiques, tentent de reprendre les idées de Rabelais et de Montaigne ; ils élaborent des projets de renaissance physique, où les exercices corporels et les soins que réclame l'hygiène, ont une importance capitale ; ils voudraient voir les collèges de France adopter le plan d'éducation en usage dans les écoles anglaises (Jacques Bonhomme éprouvait déjà le besoin de se mettre à la remorque de John Bull !). Une fois de plus, la théorie s'arrêta à la simple spéculation. On osa parler de renaissance et de relèvement de notre race par l'accoutumance au travail physique On s'émut de pitié sur le sort des écoliers, enfermés dans des établissements que l'on appelle, après Montaigne, « de vraies geôles de jeunesse captive ». On réprouva les rigueurs et les violences de *l'orbilianisme*, système disciplinaire, qui faisait que les classes « étaient jonchées de tronçons d'osier sanglants. » Mais on ne fit rien ou presque rien pour favoriser les exercices corporels et les jeux de plein air.

Le XIXe siècle, le siècle du progrès et des idées positives, s'est-il mieux comporté que ses aînés? A-t-il su introduire dans la pratique les excellents principes d'éducation physique si bien établis par les pédagogues antérieurs ? On peut dire hardiment que, jusqu'à ces dernières années, ses efforts avaient été pour ainsi dire stériles. Il suffisait, pour s'en convaincre, de jeter un coup d'œil dans les cours de nos collèges, aux heures de la récréation. Les élèves des classes supérieures, et même des classes de grammaire, employaient mal leurs moments de loisir. On les voyait se draper dans une dignité vraiment trop précoce, et arpenter sérieusement le terrain comme de graves philosophes. On aurait dit qu'ils discutaient entre eux des problèmes ardus de métaphysique ou d'économie politique. Quelques-uns, oh ! combien rares, en vérité ! continuaient leur travail de la classe ou de l'étude. Quelle besogne infructueuse et inutile ! Agrippa d'Aubigné, après ses heures de leçon, prenait la clé des champs, gambadait et folâtrait «comme chevrette», et oubliait pour quelque temps ses cahiers et ses livres ; et cependant, à six ans, il lisait quatre langues, y compris l'hébreu, et avait traduit le *Criton* de Platon, « avant que d'avoir vu tomber ses dents de lait. »

Moins sages que le farouche et intraitable auteur des *Tragiques*, les écoliers qui vous ont précédés sur les bancs du Collège, n'aimaient pas à jouer, et le seul *record*, qu'ils songeassent à détenir, consistait à faire le plus possible de vers latins, ou à présenter au concours un nombre effrayant de lignes de Cicéron. Leur esprit en était-il plus cultivé ? Loin de là. J'en ai connu beaucoup qui traduisaient péniblement les fables de Phèdre ou d'Esope, et qui pourtant avaient déjà leurs dents de sagesse. C'est qu'il faut bien se persuader que le développement du corps et celui de l'intelligence doivent être corrélatifs dans l'éducation de l'enfant ; et, s'il est très noble que, suivant une juste comparaison, l'épée use le fourreau, il importe surtout que le fourreau dure, puisque l'épée doit mourir avec lui. L'esprit le mieux doué est donc impuissant sans l'aide des organes, les nerfs ne peuvent rien sans les muscles, et l'activité intellectuelle suppose nécessairement l'énergie physique.

L'équilibre entre les forces corporelles et les forces intellectuelles ou morales avait été rompu : il fallait songer au plus tôt à le rétablir, parce-qu'il est indispensable à tout être humain. C'est vers ce but qu'ont tendu, depuis plusieurs années, les efforts de quelques personnalités intelligentes et dévouées, comme M.M. Philippe Daryl, Pierre de Coubertin, et les docteurs Rochard et Lagrange. La Ligue nationale de l'Education physique, a, par son journal habilement dirigé, développé, dans les Lycées et les Collèges, le goût des exercices corporels. Elle a prêché, divulgué ses idées réformatrices, et sa bonne parole s'est répandue partout, comme ces germes féconds des plantes des montagnes, longtemps retenus dans l'habitat qui les a vus naître, et soudain dispersés par un vent bienfaisant aux quatre coins de l'horizon. L'éducation physique est bientôt devenue, dans notre pays, l'objet d'un souci vraiment passionné. Aujourd'hui elle est à la mode, elle est toute d'actualité dans la plupart des Etablissements d'Enseignement secondaire. Le collège de Saint-Dié, hâtons-nous de le dire, a tenu à honneur d'être l'un des premiers à entreprendre cette œuvre de régénération physique, et tous, maîtres et élèves, nous nous efforçons d'y contribuer, dans la mesure de nos moyens. Car ce n'est que par le jeu et la gymnastique bien comprise que nous parviendrons à triompher de la mollesse et de l'apathie, et que notre race évitera toute cause de faiblesse, d'étiolement et de rachitisme.

Est-ce à dire, mes chers amis, que l'éducation Physique doive être exaltée au détriment de l'éducation intellectuelle et morale? Sous prétexte de rétablir l'équilibre compromis, faudrait-il ne faire de vous que des *cancres à biceps*, selon l'expression même de nos détracteurs ? Sous couleur de protéger la santé de votre corps, faudrait-il, comme le voudraient certains médecins qui ont découvert un nouveau microbe, le bacille du baccalauréat, vous condamner à l'ignorance obligatoire, au lendemain des lois sur l'obligation de l'instruction? Non, sans doute. Le collège sera toujours l'atelier où l'on forge des âmes et où l'on polit des esprits. L'Université aura toujours pour principal objectif la haute culture littéraire et scientifique, parce que cette culture est à la fois la plus belle parure et l'arme la plus efficace de l'esprit français, et l'âme de la France sera sans cesse tournée vers l'idéal du vrai et du beau, comme vers l'idéal de la justice et de la liberté. L'Université ne manifeste qu'un désir, c'est que l'éducation physique soit désormais considérée comme une partie intégrante d'une éducation complète. Elle a compris que les libres jeux et les exercices corporels, qui mettent en œuvre l'activité physique, tout en reposant des travaux de l'intelligence, devaient donner en même temps à nos élèves la force de la volonté et la virilité de l'esprit.

Comment devez-vous donc jouer, et dans quelles conditions devez-vous pratiquer les exercices du corps ? Il faut avant tout agir en plein air. Comme le dit un vieil adage :

Au bel air pur, jeu vif et libre,
Esprit et corps bien équilibre.

Une heure de course en pleine campagne vaut plus qu'une journée passée dans une cour étroite, ou sous un préau obscur et poudreux. On a diminué, dans tous les Lycées et Collèges, le nombre des heures d'études ou de classes pour augmenter la durée des récréations ; on a multiplié les exercices gymnastiques à l'intérieur des établissements ; on s'est enfin préoccupé de l'application des préceptes hygiéniques dans la vie scolaire. Au collège de Saint-Dié, en particulier, rien n'a été négligé sous ce rapport : l'Administration militaire, toujours si bienveillante et si généreuse, veut bien mettre chaque année à la disposition de M. le Principal, plusieurs soldats chargés de l'enseignement de la gymnastique et de l'escrime ; les exercices de tir sont aussi organisés d'une façon sérieuse : l'un des premiers prix du Championnat de Tir des Lycées et Collèges de France, pour l'année 1893, fut obtenu par un élève du Collége de Saint-Dié. Mais tout cela est peut-être encore insuffisant. Il faudrait pouvoir conduire plus souvent les élèves sur les coteaux ou dans les bois, organiser de longues promenades par monts et par vaux, où chacun sentirait ses poumons respirer plus librement, son cœur battre plus fort, son sang circuler avec plus de vitesse.

Les Lycées de la capitale et des grandes villes de province ont aménagé de vastes champs de jeu, des stands appropriés à tous les genres de sports. Ici, dans votre belle région, le champ de jeu est illimité. Les Vosges qui, avec leurs sites pittoresques et leurs sommets toujours verts, forment un cadre magnifique à cette charmante ville de Saint-Dié, si hospitalière, si simplement et si hautement libérale, vous offrent de tous côtés d'immenses étendues : parcourez-les souvent par plaisir plutôt que par désœuvrement ; gravissez, escaladez, franchissez les ballons ou les pics les plus élevés. Peut-être reviendrez-vous parfois au logis avec un teint basané ou une culotte endommagée ; mais votre tempérament en sera plus robuste et votre santé plus florissante.

Toutefois, les exercices physiques doivent être variés, sinon

L'ennui naîtrait bientôt de l'uniformité.

Aux écoliers qui préfèrent les routes de la plaine aux sentiers de la montagne, je recommanderai surtout un instrument à la fois gracieux et commode, dont vous pourriez vous servir en temps de vacances ou les jours de sortie : je veux dire la bicyclette. Il fut une époque où celui qui osait enfourcher ce véhicule était compté au nombre des commis de nouveautés. Le sport vélocipédique a fini par vaincre le ridicule qui, dans notre pays, s'attache toujours à une mode nouvelle. Aujourd'hui, il est d'un usage presque général, à tel point qu'il a attiré l'attention non seulement de l'armée et de la magistrature, mais encore et surtout de l'administration des finances.

C'est que cette élégante et coquette monture d'acier, toujours infatigable, outre son utilité et son agrément, offre aussi de grands avantages comme exercice corporel. Le cycliste met en œuvre et son activité morale et son énergie physique: il est l'intelligence qui commande et la force qui meut ; nouveau centaure à buste humain, il est obéi avec docilité par sa machine silencieuse, il se fait porter par elle et lui communique à son tour le mouvement. Non seulement les jarrets, mais le corps tout entier s'exerce, et la force musculaire se développe en tous sens. C'est donc un excellent exercice, pourvu qu'il soit pratiqué avec méthode et modération.

Faut-il en inférer que tous les autres doivent être proscrits ? Assurément non. Aussi bien ne peut-on pas rester assis continuellement sur une selle à huit ressorts, ni pédaler trop longtemps sur un caoutchouc plein ou sur un pneumatique increvable. Tous les exercices sont salutaires, et une éducation physique vraiment complète doit, outre les mouvements de la gymnastique, la marche et le cyclisme, comprendre les jeux du saut, de la paume, de la balle, du ballon, le jet du disque, l'équitation, l'escrime, la natation et le canotage. Dans les récents championnats interscolaires, des élèves du collège Rollin sont parvenus à faire sans tremplin des sauts de un mètre soixante-douze en hauteur, et de cinq mètres cinquante-cinq en longueur. Des élèves du Lycée Henri IV ont parcouru, dans une course à pied, une distance de deux mille mètres en six minutes et dix-huit secondes. Vous me direz peut-être que leurs études ont dû en souffrir. Je vous répondrai seulement que celui qui fut, il y a quelques semaines, le champion du concours de natation du Lendit, avait obtenu, l'année dernière, le prix d'excellence de rhétorique. Ne sont-ce pas là des résultats encourageants, et tous ces concurrents, qui se disputent l'honneur d'une victoire athlétique, ne sont-ils pas plus dignes d'éloges que les écoliers souffreteux et malingres, qui s'obstinent à ne point reconnaître les bienfaits de l'éducation physique ?

Mes chers amis, vous avez des récréations nombreuses ; profitez-en pour vous adonner aux exercices corporels. Remettez en honneur les jeux préconisés par l'auteur de Gargantua ; marchez sur les traces de vos camarades des Lycées de Paris, qui ont compris qu'il ne fallait point donner au système nerveux la prédominance sur le système musculaire. Jouez, courez, sautez, faites de la gymnastique. Car ceux-là seuls seront des élèves capables d'efforts intellectuels et moraux, et demain, dans les luttes de la vie, de véritables hommes, maîtres de leur libre arbitre, qui auront acquis de l'énergie et de l'endurance, qui auront, en un mot, discipliné, assoupli leur organisme par une bonne éducation physique.

Jadis, l'académicien que remplaça l'immortel auteur des *Châtiments*, s'adressant à la jeunesse de son temps, s'écriait :

« *Prêtez-moi vos vingt ans, si vous n'en faites rien* »!

C'était un appel aux passions généreuses, à l'amour de la liberté, du droit et du devoir, du bien et du beau ! Cet appel, nous vous l'adressons aujourd'hui, vos maîtres et moi, en faveur de l'éducation physique, au nom même des intérêts sacrés de la Patrie ; et reprenant l'expression du poète, nous vous disons à notre tour :

« *Prêtez-nous vos quinze ans, si vous n'en faites rien!*

Oui, mes chers amis, livrez-vous aux sports athlétiques, non seulement par goût, mais surtout par devoir. Vous êtes la jeunesse, c'est-à-dire la fleur avec ses plus riches parfums, et qui donnera plus tard ses plus beaux fruits. Vous êtes l'enthousiasme, la générosité, le dévouement ! Mais vous êtes aussi l'avenir, c'est-à-dire la France de demain ! et développer vos forces physiques aussi bien que vos facultés intellectuelles et morales, c'est travailler à la grandeur future de notre Pays ! Lorsque, dans quelques années, vous serez soldats, je voudrais que l'on ne pût point vous appliquer ces paroles d'un ancien ministre de la guerre, constatant notre déchéance physique : « Le recrutement de l'armée s'amoindrit, la taille diminue, la marche fatigue davantage, le sac paraît plus lourd aux épaules. L'énergie, l'esprit d'aventure, la résolution ont manifestement baissé. » Je souhaiterais aussi que les paroles du vaillant général Chanzy, prononcées la veille de la bataille du Mans, fussent alors démenties : « Autrefois nos soldats étaient, disait-il, les premiers marcheurs du monde; maintenant, toutes choses égales d'ailleurs, nous marchons moins bien que les Allemands. »

Fortifiez donc vos corps pour la défense de la patrie, comme vous trempez vos âmes pour le combat de la vie. Car, quand vous serez dans le rang, il faudra compter chacun sur soi :

« *Il faudra courir sac au dos,*
« *Porter plus lourd que les gros livres,*
« *Faire etape avec des fardeaux,*
« *Cent cartouches, trois jours de vivres* !

Méditez enfin ces paroles mémorables que je ne puis m'empêcher de vous rappeler, et que je voudrais voir à jamais gravées au plus profond de vos cœurs, parce qu'elles émanent d'un grand citoyen et d'un grand patriote dont la France entière porte encore le deuil : « Il faut que nos enfants soient aptes à tenir une épée, à manier un fusil, à passer les nuits à la belle étoile, à supporter vaillamment les plus rudes épreuves ; il faut pousser de front les *deux éducations*, autrement vous n'aurez fait qu'une œuvre de *lettres*, vous n'aurez pas fait une œuvre de *patriotes* ! ».

Mes chers amis, vous *pousserez de front* les deux éducations intellectuelle et physique. Vous vous efforcerez de devenir non seulement meilleurs et plus instruits, mais aussi plus forts et plus vigoureux. A cette belle maxime : *labor pro patria*, le travail pour la patrie, vous joindrez cette autre devise, non moins noble ni moins généreuse :

ludus pro patria, le jeu pour la patrie.

Et quand la France, dont les forces renaissent de jour en jour dans la bienfaisante atmosphère de la liberté, aura besoin du dévouement de tous ses enfants, nul d'entre vous ne songera à le refuser ou à le ménager. Et quand, des rives de l'Océan aux sommets glacés des Alpes, ou des bords de la Manche « à la ligne bleue des Vosges », le clairon sonnera le chant du départ, vous marcherez le front haut, confiants dans votre indomptable énergie, et vous reviendrez vainqueurs de cette lutte féconde, « d'où le Droit et l'Honneur sortiront triomphants ».!

Alors la Postérité, dans un élan de fierté et de reconnaissance, pourra dire de vous ce que le Grand Poète disait des soldats de l'An II :

« La tristesse et la peur leur étaient inconnues ;
« Ils eussent, sans nul doute, escaladé les nues,
« Si ces audacieux,
« En retournant les yeux dans leur course olympique,
« Avaient vu derrière eux la grande République
« Montrant du doigt les cieux !

E. MIARD.

Imp. Ensfelder, St Dié, Ad. Weick succ.

www.ingramcontent.com/pod-product-compliance
Lightning Source LLC
LaVergne TN
LVHW012103170726
843501LV00008BB/2743

* 9 7 8 2 3 2 9 6 4 2 4 0 6 *